AF313459

Revue

des

Pyrénées

Hilaire Pader

PAR

J. LESTRADE.

Toulouse

J. LESTRADE

HILAIRE PADER

PEINTRE TOULOUSAIN AU DIX-SEPTIÈME SIÈCLE

D'APRÈS DES DOCUMENTS INÉDITS

(*Extrait de la* REVUE DES PYRÉNÉES, *tome XIII, 1901.*)

TOULOUSE

IMPRIMERIE ET LIBRAIRIE ÉDOUARD PRIVAT

45, RUE DES TOURNEURS, 45

—

1901

HILAIRE PADER

PEINTRE TOULOUSAIN AU DIX-SEPTIÈME SIÈCLE

D'APRÈS DES DOCUMENTS INÉDITS

La *Revue des Pyrénées* a déjà publié les contrats aux termes desquels Hilaire Pader s'était engagé, en 1656, à exécuter pour la confrérie des Pénitents noirs de Toulouse deux compositions picturales considérables : *le Déluge* & *le Triomphe de Joseph*[1]. Ces documents, conservés dans les Archives des notaires de notre ville, fournissent assurément une importante contribution à la biographie de l'un des plus curieux peintres de l'ancienne École toulousaine, puisqu'ils ont, entre autres mérites, celui de nous livrer la pensée intime de l'artiste sur son œuvre. Or, voici que le hasard des recherches a mis tout récemment sous nos yeux une nouvelle série de pièces, appartenant au même Dépôt, encore relatives à Pader[2]. Celles-ci sont d'un intérêt de premier ordre pour l'étude non plus de telle ou telle œuvre de notre artiste, mais pour la connaissance de l'homme lui-même & la mise en relief de sa personnalité originale & brusquement tranchée.

C'est, dirait-on aujourd'hui, comme un chapitre de « Mé-

---

1. Voy. ces deux Documents & notre « Etude préliminaire » dans la *Revue des Pyrénées* (t. IX, année 1897). — Il y a eu un tirage à part très restreint (5o ex.).

2. Dans nos recherches, l'indication du début, *la piste*, nous a été marquée par M. Macary, le zélé archiviste-adjoint du Département (section notariale), dont on ne saurait trop louer l'érudite obligeance.

moires intimes », une sorte de révélation bien inattendue, écrite par Hilaire Pader à une époque décisive de sa vie morale, & copiée, après décès, dans un des registres du notaire Bernard du Toron. Joignez à cette « confession » le testament du peintre accompagné d'annotations postérieures trés caractéristiques & d'indications à relever. Mais n'insistons pas en ce préambule. On trouvera l'ensemble des Documents à la suite de l'Introduction que nous plaçons ici dans le but de résumer & de coordonner des renseignements un peu épars & divers.

*
* *

Hilaire Pader a passé au moins les dernières années de son existence dans une maison par lui achetée au sieur Daydé, maître orfèvre, & située dans la rue Peyrolières, paroisse & capitoulat de la Daurade. Il occupait ce logis en 1668, époque où il écrivit son testament, & il n'avait pas changé de résidence en août 1677, date de son décès.

De son mariage avec Jeanne Tailhasson[1] il eut sept enfants dont deux moururent en bas âge & dont cinq survécurent à leur père. Ceux-ci nous sont connus, c'étaient :

Jeanne, mariée à un bourgeois de Blaye nommé Jean Baillac ;

Jean-Antoine, qui fut docteur & avocat au Parlement de Toulouse ;

Antoine, connu en notre ville sous le nom de *Frère Antoine* dès qu'il fut entré chez les Cordeliers de la Grande-Observance ;

Raymond, dont l'éducation se fit au Collège Saint-Martial & qui se maria, en 1678, avec Jeanne Chanfreau, fille de Géraud Chanfreau, marchand de Toulouse[2] ;

Enfin, *Jean-Raymond*, duquel nous savons qu'il entra dans

---

1. On remarquera parmi les Textes inédits le nom de Me Jean-Raymond Tailhasson, « docteur régent en l'Université de Tholose. » — Un P. Tailhasson est cité dans notre Étude : *le Triomphe de Joseph*, &c.

2. Voy. leurs « Pactes de Mariage » en du Toron, 3 février 1678. (Arch. des notaires.)

la carrière ecclésiastique. Lors du mariage de Raymond, son frère, il était bachelier en théologie.

A en juger d'après certaines dispositions testamentaires, des relations spéciales unissaient Pader aux Cordeliers de la Grande-Observance, parmi lesquels se trouvait celui de ses fils qu'il semble avoir préféré[1]. Les religieux Dominicains lui avaient accordé droit de sépulture « en leur cloître, devant la porte du Chapitre ». Quant aux Trinitaires, notre artiste les tenait aussi en particulière estime. Antérieurement à 1668, il leur destinait un de ses tableaux « représentant la sainte Vierge tenant le petit Jésus qui donne le scapulaire de la Sainte-Trinité à un saint de leur ordre ».

On se figure aisément le logis d'un peintre tel que Pader comme encombré d'esquisses & de dessins : la toile achevée y dispute la place au simple feuillet sur lequel l'artiste a tracé une première ébauche & essayé son crayon. Un tout petit paragraphe du testament d'Hilaire Pader jette quelque lumière sur son atelier & nous permet d'y entrevoir, sans aucun effort d'imagination, des tableaux, dont plusieurs de dévotion, des dessins « & talhes douces volantes & non reliées ». Rien d'étonnant que notre peintre se soit soucié du sort réservé, après son décès, à ces collections. Il eut soin de les destiner à celui de ses enfants marié qui exercerait « l'art de paincture » s'il s'en trouvait un. Dans le cas contraire, la part principale des œuvres devait faire retour au religieux. Toutefois, Pader imposait un partage à ce dernier si l'un de ses frères devenait en même temps ecclésiastique & peintre. Rien ne nous prouve que le bachelier Jean-Raymond ait cultivé simultanément la peinture & la théologie. Il y a lieu de penser que le gros des collections d'Hilaire Pader devint le lot de Raymond, marié à Jeanne Chanfreau, & peintre à Toulouse.

---

1. Dans son testament, H. Pader exprime l'*affection* qu'il porte à ce fils &, dans ce même acte, il invoque la sainte Vierge, son patron saint Hilaire, & saint Antoine, le patron de ce même fils.

Dans les recueils anecdotiques courants & consultés d'ordinaire, le principal fait biographique mis en lumière dans la vie de Pader est son fameux différend avec Messieurs de la Maison de ville de Toulouse. On sait qu'il y eut un démêlé assez orageux & que notre peintre, bousculé en cette rencontre, éprouva un vif & durable dépit. On ne raconte guère autre chose de cet *incident du Capitole,* les conséquences surtout en sont restées ignorées. Aujourd'hui, Pader vient nous fournir sur cette affaire & ses suites de très curieuses précisions.

En 1663, Hilaire Pader reçut, « de quelques capitoulz de la ville de Tholoze » & notamment de Dutil, un de leurs assesseurs, des « affrons sanglans ». Le mot & l'épithète lui appartiennent. Il avait alors quarante-cinq ans environ. Les procédés dont il avait été l'objet, lui, « paintre en l'Académye de la Gallerye du Louvre du Roy, à Paris, & maistre de chefs-d'œuvre aud. art de paincture dans Tholose », l'indignèrent au point qu'il rougit de son origine toulousaine & sentit grandir son admiration enthousiaste pour l'Italie. Il aimait à se qualifier *thollosain de naissance & romain de cœur.* Sa situation était fausse & vraiment pénible...

Prit-il, sur ces entrefaites, la résolution spontanée de s'éloigner momentanément de Toulouse, ou bien fut-il appelé à Luçon, où nous le découvrons en 1666, par Nicolas Colbert, évêque de cette ville? Ce détail nous échappe. Mais il est certain que Pader fut hébergé, durant les derniers mois de l'année 1666 & un certain temps en 1667, dans le palais épiscopal de Luçon, occupé à peindre pour le compte de l'évêque « quelques tableaux de dévotion ». Introduit dans la maison épiscopale, il ne tarda pas à ressentir les effets que ce milieu calme & retiré devait infailliblement exercer sur lui. Surtout ne put-il pas se soustraire aux pénétrants exemples que messire Nicolas Colbert & son pieux entourage lui donnaient chaque jour. Il y avait alors à Luçon un prélat de vie austère & dont les attaches jansénistes ne nous doivent pas faire méconnaître « les grandes vertus[1] ». Les prêtres admis en son

---

1. « Parmi ces évéques [de Luçon], louables à certains points de vue, blâmables à certains autres, figurent en première ligne Nicolas Colbert

intimité, M. Langlois, notamment, chanoine théologal de sa cathédrale[1] & son premier secrétaire, menaient ce que Pader appelle « une vie dévote ». Le reste de l'entourage se conformait au modèle : ecclésiastiques & serviteurs devinrent à différents degrés, pour notre peintre, des types de beauté morale qu'il se prit à étudier. Leur influence fut, à leur insu, décisive.

Pader, on ne l'a pas oublié, était venu chez l'évêque le cœur troublé par la colère. A Luçon, peu à peu, cette persistante tempête s'apaisa. Et ici — fortune rare! — nous entrons dans la conscience même de notre artiste & percevons l'écho de ses aveux. Mais, en cet endroit de son histoire, nous devons nous effacer entièrement & lui céder la parole. Voici donc en quels termes Hilaire Pader expose son *état d'âme*, sa résolution dernière, & raconte naïvement les péripéties merveilleuses de sa « conversion » :

« Dieu tout puissant & tout miséricordieux soict bény éternellement!

« Moi Hillaire Pader, thollosain de nessence & romain de cœur, peintre du Roy en son Académye royalle, âgé d'environ quarante huict ans[2], baptisé à la paroisse de la Daurade, me trouvant à Lusson aux mois d'octobre, novembre & décembre 1666 dans la maison épiscopalle, faisant quelques tableaux

& son successeur immédiat Henri de Barillon. Ils pratiquèrent l'un & l'autre de grandes vertus; mais ils ne restèrent pas assez étrangers aux menées des Jansénistes. » — Voy. *Histoire des moines & des évêques de Luçon*, par M. l'abbé du Tressay, p. 9.

1. Voy. Ordonnance de M⁰ N. Colbert, en date du 25 août 1566, nommant M. Langlois, prêtre du diocèse de Luçon, chanoine théologal de la cathédrale (*Archives de l'évêché de Luçon.* — Communication de M. le Secrétaire de Mᵍʳ l'Evêque de Luçon).

2. D'après cette indication approximative, c'est l'année 1619 & non 1607, ainsi que le disent ses biographes, qui serait celle de la naissance de Pader. L'acte de baptême doit se lire encore dans les registres paroissiaux de la Daurade.

de dévotion pour Messire Nicolas Colbert, conseiller du Roy
en tous ses Conseils, évesque dud. Luçon, ayant passé trois
ans sans faire la Pasque à cause que je ne me pouvés rézoudre
à pardonner les affrons sanglans que j'avois reçeu par quelques Capitoulz de lad. ville de Tholoze & par Dutil l'un de
leurs Assesseurs, désirant profitter du bon exemple que j'avois
tous les jours devant les yeux par la vie dévotte du susd. évesque, de ses prebstres & mesme de ses domestiques, je me
rézollus de fréquenter la saincte Communion d'autant plus
souvent que je l'avois négligée. Et quoique je feusse attaqué
de diverses doubtes pour la réallité du Sacrement de l'Eucaristie, aultant pour l'heumanité que pour la divinitté du Christ
vray Dieu & vray Homme, sy est ce que la grâce ayant fortifié
ma foy, je rendis vains tous ces soubxons en considérant la
toute puissance de Dieu laquelle, estant infinie, ne peult
estre comprinse par les hommes dont l'espirit est si borné
qu'ilz ne se congnoissent pas eulx mesmes, & néantmoingz
par un orgueilh ridiculle ils veullent comprendre l'incom-
préansible.

« Et comme j'entendois chaque jour la messe qui se dict dans
la chapelle dud. Evêché, je vis au commencement du mois de
décembre lorsque Monseigneur élepvoit la sainte Hostie, une
blancheur au milieu d'icelle qui estoit encore plus claire que
le reste de lad. hostie à quoy je ne fis aulcune réflection la
première fois; mais ayant veu la mesme blancheur une
deusième fois le lendemain que mondict seigneur Evesque
dict la Messe je me résolleus à mieux prendre garde si cella
ne viendroit pas de la scittuation du lieu où j'estois à genoux,
par la réflection de la lumière, à cest effaict je changeai de
place la première fois que mond. seigneur célébra la saincte
messe dans la mesme chapelle de l'Evesché, & vis pour la
troisiesme fois encores plus distinctement la mesme blancheur
au costé de l'hostie & ceste blancheur pouvoit estre de la grandeur d'une des petites dont on communie le peuble. Alors je
ne doubtai plus que ça ne feust une grâce particullière que le
Tout Puissant me faisoit pour affermir ma foy, esbranlée,
comme j'ay dict, par les doubtes de la réallitté du St Sacrement, sy bien que ayant veu encores la mesme chose deux

fois aux messes que j'entendis du mesme Prélat dans lad. chapelle, & une autre fois bien distinctement en celle de Monsieur Langlois son aumosnier & premier secrétaire, je me
résolleus de le déclarer à Monsieur de Monbrison curé dud.
Luçon. A c'est effaict estant allé à confesse à sa paroisse je me
mis à ses pieds; mais je n'osay parler de ce que j'avois veu
que je n'eusse encores esté mieux affermy par la continuation
de la mesme merveilhe, ainsy j'observay lors que luy mesme
dict la messe la mesme chose quoy que plus confeusement
& à cousté du centre quoy que je fusse directement opposé,
en sorte qu'en toutes les messes que je me truvay de divers
prebstres je vis tousjours la mesme blancheur à quy plus, à
quy moings; mais non jamais sy distinctement qu'aux messes
de mond. seigneur l'Evesque & en celle de son aumosnier.

« Alors je feus tout à faict convaincu que c'étoit une véritté
& non une illusion ou feblesse de ma vue laquelle est fort
bonne, oultre que quand il y auroit eu quelque feblesse je
n'aurois pas veu tousjours la mesme chose. D'ailleurs je sçavois
que les rayons lumineux quy esclairoient l'Hostie parcourant
une superficie plate & uniforme ne pouvoient produire nattu-
rellement un effaict semblable lequel j'aurois remarqué quelque autre fois despuis quarante ans que j'entendois la messe
presque chaque jour.

« Toutes ces choses me firent résoudre de communier trois
jours de suite à la Nouël en mémoire des trois personnes
divines. A cest effaict j'entendis la messe grande de minuit
quy feust célébrée par mond. Seigneur evesque au grand autel
de son Chapitre & d'aultant que j'estois du cousté de l'Evan-
gille & que je ne pouvois voir la saincte Hostie que de cousté,
en sorte qu'elle estoit une espèce d'ovale, je feus encore plus
surprins de voir la mesme blancheur comme enlevée de son
centre & portée au d'héors de l'espaisseur d'un pouce. De la
mesme façon que je la vis je l'ai représentée sur une toille
fidellement.

« Je communiay ensuitte à la deuxiesme messe qu'il dict
en suicte & m'estant porté à cousté à la troisiesme quy feust
célébrée vers le midy, je vis la blancheur enlepvée au d'héors
quoyque moings parfaictement qu'à celle de minuit. Ce jour

là j'entendis plusieurs messes de divers Chanoines & vis tousjours la mesme chose à quy plus & à quy moings, & de la première façon les deux festes suivantes je communiay & déclaré audit curé ce que j'avois veu, lequel me fortiffia dans la fréquence du Sacrement de l'Eucaristie, & avec sa permission ay mis en escript toutes ces choses pour la gloire de Dieu & affin qu'après ma mort mes enfans, ayant leu cest escript, soient affermis dans la foy de l'Esglise romaine, ce que j'ay faict dans ma chambre de l'Evesché de Luçon le premier jour de l'année 1667 estant fort sain d'esprit & de corps.

« En foy de quoy me suis signé parce que ce que je viens d'escripre est véritable.

« H. Pader[1]. »

⁂

Tandis que nous lisions le commencement de cette narration, pour la première fois, nous nous demandions si Pader n'avait pas représenté sur toile le phénomène dont il a laissé par écrit la minutieuse description. Une seconde note, venant également de lui, répond à cette question d'une façon affirmative. La peinture figurant le rayonnement des hosties, Hilaire Pader l'avait jointe à son testament & au récit transcrit plus haut; malheureusement cette pièce a disparu avec le dossier original, & n'eût été la précaution prise par le notaire de tracer, à son tour, en son registre, la description de cette peinture, il nous serait malaisé d'en concevoir une idée. Détail notable! Maître du Toron n'a pas omis de copier, en tête de son procès-verbal de trouvaille, un second *confirmatur* des visions de Pader tel que notre peintre l'avait annexé à la toile représentant les hosties. Nous donnons *in extenso* ces deux documents complémentaires.

⁂

« Je déclare qu'estant à Luçon l'année dernière 1667 j'eus quelques doubtes sur la réalitté du Saint-Sacrement

____

1. Voy. *Archives des notaires de Toulouse*, reg. de Du Toron, 1677-1678.

de l'autel qui feurent chassés par une grâce particullière
que Dieu me fist, ayant veu, diverses fois, une blancheur
très sensible au milieu de la sainte hostie, dont je fis
l'exacte & véritable narration de ma main en escript, & bien
que led. escript soict en lettre italienne, il ne reste pas d'estre
escript de ma main de mesme que un semblable que j'en laisse
à Monsieur de Monbrisson, curé de Luçon, mon confesseur,
& la représentation sur de la toille & paincture avec un pas-
sage de l'Evangile de Saint-Jean escript sur le dernier [sur le
derrière] de chaque hostie quy font trois en nombre, & d'aultant que je désire que cella ne se voye qu'après ma mort je l'ay
joinct & clos dans ce mien testament :

> « H. PADER, *signé* [1]. »

Ce testament fut remis à Du Toron par son auteur le
16 avril 1668. En le confiant au notaire, Pader spécifiait
qu'il avait « enclos dans ce pacquet une particullieritté de
son Art pour servir à la Postéritté. » Cette particularité nous
est désormais connue ; reste à ajouter les derniers éléments
d'information :

> « OUVERTURE DU PACQUET. »

« Ayant esté procédé à l'ouverture dudit pacquet quy estoit
enclos dans led. testament, icelle faicte, aurions truvé une
toille painte en trois diverses coulleurs, bordée d'un ruban
noir & pliée en trois comme les *Te Igitur* dont on se sert à la
messe, lad. toille de largeur d'un pam & demy, & haulteur
d'un grand demy pam, & sur le dessus du premier ply qui est
en carré est escript en lettre blanche faicte avec le pinseau
sur bleu vif, ces motz : *In principio erat Verbum & Verbum
erat apud Deum & Deus erat Verbum.*

Et sur le ply du millieu qui faict la face de la gauche est
escript sur du noir en lettre rouge : *Lux iu tenebris lucet !* Et
au reply de l'extrémité de la gauche quy se replie en dedans

---

1. Voy. *Arch. des notaires de Toulouse*, reg. de Du Toron, 1677-
1678.

sur un bleu mourat est paint en lettre rouge : *Et Verbum
caro factum est & habitavit in nobis.*

Au dedans de lad. toile sont painctes trois hosties, sçavoir,
celles des deux côtés, paintes sur du bleu en forme ronde &
blanches, & celle du milieu, sur du noir, en forme d'ouvalle,
& un fulhet de papier escript & signé de la main dud. feu
Pader quy contient ce quy s'ensuict : *Dieu tout puissant,* &c. » C'est le récit déjà transcrit.

* *
*

Messire Colbert & ceux de son entourage eurent-ils jamais
connaissance des intimes sentiments qu'ils avaient inspirés au
peintre toulousain, leur hôte de quelques mois? C'est chose
peu probable. Seul, M. de Monbrisson fut mis dans le secret.
Après avoir éxécuté pour la chapelle de l'Evêché des compositions picturales dont il a négligé de nous apprendre le sujet[1],
Hilaire Pader s'éloigna de Luçon, abandonnant à son confesseur le manuscrit de ses confidences. En 1670, il se trouvait à
Toulouse. Nous ne savons si dans le courant de cette année
s'éveilla en lui le ressentiment qu'avaient provoqué les « affrons sanglans » de 1663 & que le paisible palais épiscopal de
Luçon avait assoupi. Peut-être y eut-il un nouvel assaut &
Pader eut-il encore à se plaindre de MM. de l'Hôtel de Ville.
Cela paraît résulter d'un codicille que, le jour de la Pentecôte
1670, notre artiste, toujours perplexe & tourmenté, ajoutait à
son testament de 1668. Il veut, dit-il, fuir le Capitole toulousain : « ayant faict une ferme résolution de m'en aller à Paris
ou à Rome pour y finir le reste de mes jours à cause des
mauvais traitemans que j'ay receus *de quelques Bourgeois dans
la Maison de Ville.* » Qui donc allait perdre à son éloigne-

---

1. A cette question posée par nous : *A-t-on conservé à Luçon quel-
ques-unes des œuvres picturales de Pader?* M. le Secrétaire de l'évêché a
fait la réponse suivante : « Non. Peut-être N. Colbert, transféré à
Auxerre, a-t-il emporté dans sa nouvelle ville épiscopale les tableaux
de Pader. Je serais incliné à le croire à cause de ce fait qui peut carac-
tériser une tendance de Colbert : il emporta plusieurs manuscrits appartenant à la bibliothèque de l'Evêché, v. g. un manuscrit d'Alcuin. »

ment?... Ces pauvres Cordeliers, Jacobins & Trinitaires qui n'en pouvaient mais, & que Pader, toujours excessif, déshéritait sans plus de façon : « a moins, ajoutait-il, que je ne meure dans Tholose. »

Il y mourut, en effet, le 14 août 1677, vers onze heures du matin. Son corps fut transporté provisoirement dans l'église paroissiale & conventuelle des Bénédictins de la Daurade & laissé en dépôt dans la chapelle du Purgatoire. Pader avait prescrit qu'on l'ensevelît au lieu désigné par lui : « Dans la sépulture que j'ai déja chouesie & dans laquelle j'ai deux de mes enfans inhumés », chez les Jacobins de Toulouse. Les honneurs funèbres, il les voulait très simples : « mon héritier les fera le plus modestement & petitement qu'il pourra. » Il souhaitait qu'une pierre recouvrît son tombeau & marquait l'inscription qu'il y fallait graver :

Sy gict Hillaire Pader
Painctre du Roy en son Accadémie royalle.
R. I. P.

Tout titre rattachant Pader à Toulouse était, de par sa volonté, banni de son épitaphe.

Le lendemain du décès, la veuve, Jeanne Tailhasson, s'en vint requérir l'ouverture du testament : « attendeu qu'il importe... de sçavoir en quelle forme a-t-il ordonné ses honneurs funèbres luy estre faicts, & en faveur de qui est ce qu'il a disposé de ses biens. » Deux maîtres sculpteurs de Toulouse assistèrent à l'accomplissement de cet acte en qualité de témoins : Simon Affres & Antoine Guépin. Quelques œuvres de ce dernier sont connues.

*
* *

Si nous ne nous abusons, les présents épisodes de la vie de Pader, en dehors de leur intérêt spécial, poussent en relief & accentuent d'une façon indiscutable le caractère de notre artiste. A vrai dire, on le percevait déjà &, en particulier, nous en avions tracé les lignes essentielles après étude des témoignages, d'un optimisme présomptueux, que Pader rendait à son mérite. Il avait une opinion exagérée de son talent, réel, malgré de trop évidents défauts. Pour son malheur, la critique lui fut chose insupportable. A Toulouse même & surtout, la critique ne lui fut pas épargnée. L'humeur du pauvre artiste s'excitait en ces rencontres, son caractère ombrageux s'altérait à la contradiction. Lorsque de la critique on passa à l'injure, celle-ci provoqua des animosités inassouvies. Il y eut des heurts, un manque d'harmonie dans l'homme autant que dans son œuvre. L'un & l'autre attirent cependant & retiennent (quoique sans produire d'illusion), à cause de leur cachet original fort marqué. Pour ce motif, on constate les lacunes & elles ne rebutent pas.

L'homme intime nous échappait toutefois. Le voici, non pas entièrement révélé, mais suffisamment éclairé. Nous avons appris ses tourments intérieurs & surpris en ses aveux naïfs le cri de cette âme. Hilaire Pader assistant chaque jour à la messe depuis environ quarante ans, troublé par ses doutes, inquiet de ses rancunes, mordu par le remords pour sa triple omission du devoir pascal, gagné aux exemples de l'évêque de Luçon, mais sachant se contenir dans une admiration muette, lui, toujours exubérant & hâté, admettant enfin sans hésitation aucune que Dieu ait opéré une série de miracles afin de raffermir sa foi, n'est-ce pas là un Pader singulièrement intéressant qui tout à coup surgit & se dévoile?... Le portrait se dégage, il s'arrête en de fermes contours. Le personnage complexe qu'était Pader est mieux saisi & précisé.

Notre attachant Toulousain avait rêvé la manifestation posthume de ses confidences pour servir à l'histoire de *son art &* *à la postérité*. La postérité a passé longtemps sans les soupçonner; mais ni Pader ni son art ne perdront rien à cette attente plus de deux fois séculaire, à la tardive réalisation de ce désir.

J. LESTRADE.

TEXTES INÉDITS.

I. — OUVERTURE DU TESTAMENT DE PADER.

« L'an 1677 & le 15e jour du mois d'aoust… devant moy notaire, dans la maison de feu sieur Hilaire Pader, paintre en l'Acalémie de la Galerie du Louvre du Roy, à Paris, & Hostel de Ville de Tholose, scize en la présente ville, rue de Peyrollières, parroisse & capitollat de la Daurade, a esté présente delle Jeanne de Tailhasson veuve aud. sr Pader laquelle a dict qu'icelluy feu sr Pader sond. mary est décédé puis le jour d'hier environ les dix à onze heures de matin & que son corps a esté apporté en dépost à la chapelle du Purgatoire de l'Esglise paroissielle N.-D. de la Daurade où il est encore attendant sépulture & parce que lad. dammelle demeure advertie qu'il fist son testament clos & cachetté le 12 avril 1668 qu'il fist suscripre par feu Me Bernard de Toron nre royal de Tholose mon père, le 16e du mesme mois & luy remit icelluy en garde quelque temps après, lequel je notre soubsigné ay trouvé dans la liasse de lad. année de mond. pére; attendeu qu'il importe à lad. demelle & au sr Raymond Pader paintre en Tholose, son fils, sy présent, les autres Messieurs ses enfans n'estant en ville, de sçavoir en quelle forme a-t-il ordonné ses honneurs funèbres luy estre faictes, & en faveur de qui est ce qu'il a disposé de ses biens, m'a requis de voulloir procéder à l'ouverteure, lecteure, publiquation & registrement dud. Testament pour servir à qui il appartiendra, ce que je dit notre, &c… … ay procédé à lad. ouverteure.

« Ez présences des srs Anthoine Guepin & Simon Affres Mes sculpteurs & architectes de Tholose, &c… soubsignés, lad. dammelle de Tailhasson a dit ne sçavoir… Me Jean Raymond Tailhasson docteur régent en l'Université de Tholose.

« *Signé :* R. PADER, TAILLASSON, GUÉPIN, &c.

« DU TORON, notre.

« Et peu après & le mesme jour ayant trouvé un pacquet cachetté en quatre endroits enclos dans led. Testament, a été procédé à l'ouverture d'iceluy, &c. »

II. — Testament de Pader.

« Louange à Dieu, honneur & glouère, louange à son saint nom !

« Comme ce jourd'huy doutziesme du mois d'avril 1668, je Hillaire Pader, paintre du Roy en son Académye royalle & Maistre de chefz d'œuvre aud. art de paincture dans Tholose, estant certain qu'il faut mourir & que l'heure en est incertaine, déclaire voulloir faire ce Testement & après m'estre ainsin signé du signe de la Saincte Croix : au nom du Père, du Fils & du Sainct Esprit, amen.

« Premièrement je recommande & remects mon âme entre les mains du bon Dieu le priant de me faire miséricorde maintenant & à l'heure de ma mort, implorant le secours de la bienheureuse Vierge Marie, de mon ange gardien, de s' Anthoine de Padoue & de s' Hillaire mon patron & de tous les sainctz & sainctes du Paradis, & quand il plaira à Dieu d'apeller mon âme & la séparer de mon corps je veux que mond. corps soit remis & ensepvelly dans la sépulture que j'ay desja chouésie & dans laquelle j'ay deux de mes enfans inhumés au cloistre & devant la porte du Chapitre des Religieux S' Dominicque de la présente ville de Tholose, & charge mon héritier bas nommé d'y faire mestre une pierre de telle grandeur qu'il vouldra avec cette inscription :

Sy gist Hillaire Pader
Painctre du Roy en son Académie royalle.
R. I. P.

« Et pour les honneurs funèbres mond. héritier les fera le plus modestement & petitement qu'il pourra.

« *Item* donne & lègue pour le repos de mon âme ausd. Religieux de S' Dominique la somme de 3o livres à la charge qu'ilz diront pour moy six vingt messes, à sçavoir : 20 le jour de mon décès ou le lendemain lesquelles 20 messes leur seront payées dans les deux jours susdits en tant moingz de la susdite somme de 3o liv., & pour les cent messes qui resteront ils les diront dans l'an au bout duquel ils seront payés du reste de la susd. somme de 3o liv., & moyennant ce lesd. Religieux ne pourront préthendre rien au dela quoyque parelh ou aultres légatz leur eussent esté faictz par moy en aultre ou aultres testemans.

« *Item* lègue parelhe somme de 3o livres aux Religieux St François de la grande Observance de la présente ville soubs mesmes clauses & condition que dessus.

« *Item* lègue aussy parèlhe somme de 3o liv. aux Religieux Trinittaires de la présente ville soubs mesmes clauses & conditions cy dessus exprimées au legs des P. P. Jacopins. Et d'autant que dans mon dernier testament je léguois ausd. Religieux Trinittaires un tableau représentant la Ste Vierge tenant le petit Jésus qui donne l'escapulaire de la Ste Trinité à un saint de leur Ordre, je déclare le leur avoir desja deslivré & par ainsin j'ay satisfaict de mon vivant aud. legat dud. tableau & n'entends par conséquent qu'ils le puissent redemander.

« Et d'aultant que j'avois esté conjoinct par mariage avec d^{lle} Jeanne de Talhasson & que d'iceluy mariage Dieu par sa saincte bénédiction nous auroit donné cinq enfans survivans, sçavoir est : *Jeanne, Jean-Anthoine, Anthoine, Raymond* & *Jean-Raymond Pader*, par ceste doncques dernière mienne voullonté je suplie mad. femme se contenter des advantages que je luy fais dans mes pactes de mariage & voulloir tenir en compte les trois cents livres que j'ay payées pour elle au s^r Baillac pour la constitution qu'elle fist de son chef à Jeanne Pader nostre fille mariée aud. s^r Baillac comme appert de la quictance faicte pour ma descharge par du Herbillon not^{re} de Blaye en Guienne, le 27e febvrier 1662.

« *Item* & pour lad. ma filhe l'ayant mariée avec led. s^r Jean Baillac marchand, commissionnaire & bourgeois dud. Blaye, je luy aurois constitué de mon chef, en contemplation dud.

mariage, la somme de 1700 liv... de laquelle totalle somme de 1700 livr. je veux qu'elle se contente... [1].

« *Item* pour Anthoine Pader mon fils comme estant religieux de la Grand'Observance St-François où il a conservé le mesme nom de frère Anthoine Pader, & incapable de succession, néantmoings meu de l'affection que je luy porte, je luy donne pour aumosne un habit neuf de Religieux, comme aussy un tableau de dévotion à son choix de ceux qui se trouveront à la maison après ma mort, ensemble les desseins & talhes douces volantes & non reliées qui seront de dévotion & ce au cas aulcun de ses fraires ne vienne à exercer l'art de paincture, parce que s'il en y a quelqu'un qui soict painctre & marié je veux que lesd. desseins & talhe dousses luy viennent, & au cas il fairoit lad. profession de paincture & qu'il seroict prebtre ou religieux, je veux que lesd. desseins & talhe douces soict partagés entre luy & led. frère Anthoine.

« *Item* lègue à Raymond Pader mon fils maintenant collégeat à St-Martial la légitime telle que de droit...

« *Item* à Jean-Raymond Pader mon fils luy lègue de mesme la légitime telle que de droit... [2].

« *Item* donne & lègue à dam^lle Jeanne de Talhasson vefve à Jean Bonnyol, ma belle sœur, le logement & l'habitation de la chambre haulte, petit grenier & tour qu'elle a tenu sy devant en la maison par moy acquise du s^r Daydé m^tre orfêvre de Tolose scize rue Peyrollières, & ce sa vie durant tant seulement.

[Il institue héritier universel :] « Jean Anthoine Pader mon fils, docteur & advocat au Parlement de ceste ville, l'exxortant & commandant porter tout honneur & respaict à sa mère en cas elle me survive pour ne se rendre indigne de ma succession, comme aussi je l'exhorte de bien traicter & bien vivre avec ses frères & ceux cy mutuellement le considérer &

---

1. En cas de mort de Jeanne Pader, cette somme fera retour à ses enfants, qui sont : Jeanne, Hillaire, Pierre, Jean-Antoine & Raymond Baillac.

2. Si Jean-Raymond meurt en bas-âge (il est mineur) Jean-Antoine & Raymond lui seront substitués.

recongnoistre comme leur ayné, comme aussy je luy recommande ma belle-sœur, sa tante vefve au sieur Bonnyol, luy
enjoignant de vivre avec elle comme avec sa sœur la secourant
en ses affaires... &c...

« Et c'est icy mon dernier testament solempnel escript de
ma propre main & scubscript en toutes pages : *Pader*, &c.

« Hilaire PADER, testateur, ainsin signé à l'original. »

III. — Déclaration de Pader.

« Je déclare qu'étant à Luçon... &c. » — Voy. le texte
in extenso, p. 10.

IV. — Codicille.

« Moi Hillaire Pader testateur déclare que le jour de la
Pentecoste 1670 j'ay ouvert le présent testament, c'est qu'ayant
faict une ferme résolution de m'en aller à Paris ou à Rome
pour y finir le reste de mes jours à cause des mauvais traic-
temens que j'ay reçeu de quelques Bourgeois dans la Maison
de Ville, j'ay volleu après une exacte lecture le confirmer par
un nouveau sain, sauf les clauses des légatz par moy faictz
aux P. P. Jacobins, Trinittaires, & aux Cordeliers, lesquels
seront de neulle valeur, à moins que je meure dans Tholose,
ains veux & entens qu'en cas je mourray alheurs lesd. légatz
soict neulz & qu'il deppende de mon héritier d'en faire s'il
veult, comme bon luy semblera.

« Telle est ma voullonté.

« En foy de quoy me suis signé : H. PADER, *ainsin signé.* »

V et VI. — Ouverture du pacquet et copie
de la Déclaration de Pader.

« Et ayant, comme dict est, esté procédé à l'ouverture, &c... »
« Dieu tout puissant, &c. » — Voy. ces textes, *in extenso*,
p. 7.

Archives des Notaires de Toulouse, reg. de Du Toron.)

Toulouse, imprimerie Douladoure-Privat rue Saint-Rome, 39. — 54

Revue des Pyrénées

FRANCE MÉRIDIONALE — ESPAGNE SEPTENTRIONALE

Fondée par MM. Julien SACAZE et le Dr F. GARRIGOU

DIRECTEUR : le Baron DESAZARS DE MONTGAILHARD.

Paraissant tous les deux mois par livraisons de 100 pages environ.

Abonnement annuel : 10 francs.

TOME XIII

1901 — 3e LIVRAISON

SOMMAIRE

TOULOUSE

BUREAUX DE LA *REVUE DES PYRÉNÉES*

45, RUE DES TOURNEURS, 45